BEI GRIN MACHT SICH IHR
WISSEN BEZAHLT

- Wir veröffentlichen Ihre Hausarbeit,
  Bachelor- und Masterarbeit

- Ihr eigenes eBook und Buch -
  weltweit in allen wichtigen Shops

- Verdienen Sie an jedem Verkauf

Jetzt bei www.GRIN.com hochladen
und kostenlos publizieren

Sportmarketing. SWOT-Analyse, Merchandising, Sponsoring, Digitalisierung

GRIN

Bibliografische Information der Deutschen Nationalbibliothek:

Die Deutsche Nationalbibliothek verzeichnet diese Publikation in der Deutschen Nationalbibliografie; detaillierte bibliografische Daten sind im Internet über http://dnb.d-nb.de abrufbar.

ISBN: 9783346328755
Dieses Buch ist auch als E-Book erhältlich.

Druck und Bindung: Books on Demand GmbH, Norderstedt Germany
Gedruckt auf säurefreiem Papier aus verantwortungsvollen Quellen

Das vorliegende Werk wurde sorgfältig erarbeitet. Dennoch übernehmen Autoren und Verlag für die Richtigkeit von Angaben, Hinweisen, Links und Ratschlägen sowie eventuelle Druckfehler keine Haftung.

Das Buch bei GRIN: https://www.grin.com/document/976866

Deutsche Hochschule für

Prävention und Gesundheitsmanagement

Hermann Neuberger Sportschule 3

66123 Saarbrücken

Einsendeaufgabe

Fachmodul:	Sportmarketing
Studiengang:	Sportökonomie
Datum Präsenzphase:	14.10.19 – 17.10.19

Inhaltsverzeichnis

1   SWOT-Analyse

Im Folgenden wird eine SWOT-Analyse des Fußballbundesligavereins TSG 1899 Hoffenheim durchgeführt. Die SWOT-Analyse berücksichtigt unternehmensinterne Ressour-
cen (Strengths/ Weaknesses) sowie unternehmensexterne Einflussfaktoren (Opportuni-
ties/ Threats) und ermöglicht eine Ableitung von Strategien, welche einen Wettbewerbs-
vorteil gegenüber der Konkurrenz bewirken (Unrein, 2013).

1.1   Ressourcenanalyse- Strengths and Weaknesses

Der erste Teil der Analyse bezieht sich auf jeweils drei Analyseaspekte. Mithilfe der Stär-
ken-Schwächen-Analyse kann die aktuelle und künftige Ressourcensituation der TSG
1899 Hoffenheim analysiert werden, um darauf aufbauend Strategien für zukünftiges
Handeln zu entwickeln. Als stärkster Wettbewerber in der Region kann der VfB Stuttgart
1893 e.V. genannt werden, weshalb jeweils eine Stärke und eine Schwäche der TSG 1899
Hoffenheim diesem gegenübergestellt wird.

Eine Stärke der TSG 1899 Hoffenheim ist die durch DFB und DFL ausgezeichnete Acht-
zehn99 Akademie. In drei unterschiedlichen Förderzentren mit diversen Schwerpunkten
werden Kinder und Jugendliche ihrem Alter entsprechend gefördert. Sowohl die B-Juni-
oren als auch die A-Junioren gewannen in den vergangenen Jahren die Deutsche Meis-
terschaft (Görlich & Mayer, 2018).Neben dem sportlichen Werdegang steht auch die
schulische Ausbildung der jungen Talente im Mittelpunkt (Görlich & Mayer, 2018). Somit kann der Verein neben Einkäufen auf dem Transfermarkt auch auf eigene Nach-
wuchstalente zurückgreifen und diese in der Bundesligamannschaft einsetzen.

Der sportliche Erfolg der vergangenen Saisonen kann ebenfalls als Stärke aufgezählt werden. In der Saison 2016/2017 konnte sich die TSG 1899 Hoffenheim Tabellenrang vier
in der Bundesliga sichern und sich damit bei den Qualifizierungsspielen der Champions
League erstmals auf internationaler Bühne präsentieren. Die darauffolgende Saison er-
brachte dem Verein die direkte Qualifikation zur Champions League und die damit ver-
bundene mediale Aufmerksamkeit in den Spielen gegen Vereine wie Manchester City
und Olympique Lyon. Nicht zuletzt steht der Verein für offensiven, attraktiven Fußball
und sorgt damit für das ein oder andere Torspektakel-Spiel in der Bundesliga (z.B.
28.Spieltag 2017/18 6:0 gegen 1.FC Köln) (DFL, 2019).

Als eine weitere Stärke des Vereins gilt die Besinnung auf das Leitbild „Innovation, Mut, Bodenständigkeit und Stabilität". Die einzelnen Säulen werden in der Art, wie der Verein geleitet und ausgerichtet wird, in den Fokus gestellt. Für Innovation steht der rasante Aufstieg des Vereins. Innerhalb von wenigen Jahren hat sich der ehemalige Dorfverein zu einem ernstzunehmenden Bundesligaverein entwickelt (TSG 1899 Hoffenheim, 2019). Ebenfalls setzt die TSG 1899 Hoffenheim auf neueste Technologien im Training wie beispielsweise einen Fußball-Roboter mithilfe dessen die Handlungsgeschwindigkeiten der Sportler verbessert werden soll (TSG 1899 Hoffenheim, 2019). Mut charakterisiert die offensive, risikoreiche Spielweise der Mannschaften der TSG. Die Bodenständigkeit spiegelt sich schon in der Nachwuchsakademie wieder, da soziale Kompetenzen und schulische Leistungen ebenso wichtig wie die sportliche Leistung sind (TSG 1899 Hoffenheim, 2019). Stabilität bildet die vierte Säule und wird präsentiert durch eine einheitliche Vereinsstruktur und den Präsidenten Peter Hofmann, der seit dem Jahr 1996 im Amt ist (TSG 1899 Hoffenheim, 2019).

Eine Schwäche der TSG 1899 Hoffenheim ist die fehlende Tradition des Vereines. Der Verein erlebt einen rasanten Aufstieg und schaffte es im Jahr 2008 in die erste Fußballbundesliga aufzusteigen. Jedoch konnte in dieser Zeit keine bekannte Marke oder eine große Basis an Fans generiert werden. Die Bekanntheit liegt nur bei knapp 55% innerhalb der Bundesrepublik (IfD Allensbach, 2019).

Des Weiteren besitzt der Verein lediglich 10.425 Mitglieder (Stand Oktober 2019), sodass im Vergleich der Mitgliederzahlen mit anderen Fußballvereinen nur Platz 16 erreicht wird (Transfermarkt, 2019).

Als weitere Schwäche ist die finanzielle Abhängigkeit von Investor Dietmar Hopp zu nennen. Der Mitbegründer der Softwarekonzerns SAP besitzt 96% des Vereines und hat somit einen großen Einfluss auf alle Entscheidungen, die getroffen werden.

Als größter Mitbewerber wird der VfB Stuttgart 1893 e.V. herangezogen, welcher sich zwar momentan in der 2.Fußballbundesliga befindet, aber ähnliche Strukturen wie die TSG 1899 Hoffenheim aufweist. Der Fokus des Zweitligisten liegt auf der Nachwuchsarbeit, die in den letzten Jahren ebenso wie die TSG einige Erfolge einfahren konnte. Negativ für den VfB ist der letztjährige Abstieg aus der 1.Fußballbundesliga, der zur Folge hat, dass weniger Ertrag als bei der TSG 1899 Hoffenheim aus den Gewinnausschüttungen der Bundesliga erwirtschaftet werden kann. Dennoch besitzt der Verein eine lange Tradition und eine große Fangemeinde und kann sich hierdurch von der TSG 1899 Hoffenheim abgrenzen.

1.2 Analyse der Unternehmensumwelt- Opportunities and Threats

Mithilfe der Analyse der externen Faktoren sollen Entwicklungen des Umfelds erkannt werden, um daraus Chancen und Risiken für den Bundesligisten abzuleiten.

Der sportliche Erfolg kann als große Chance gewertet werden. Durch gute sportliche Leistungen können höhere Summen bei der Gewinnausschüttung der Bundesliga erwirtschaftet werden. Ebenfalls besteht die Möglichkeit sich für die internationalen Ligen zu platzieren, wodurch weitere Einnahmen und auch eine höhere internationale Aufmerksamkeit erzielt werden können.

Die zunehmende Bedeutung der Freizeit für die Gesellschaft bietet eine weitere Chance (Schmitz-Scherzer, 2013). Menschen, die mehr Zeit für aktiven und passiven Sportkonsum haben, gelten als potenzielle Interessenten für den Fußballverein. Zum einen können Angebote der TSG 1899 Hoffenheim außerhalb des Profi-Fußballs, wie Leichtathletik wahrgenommen werden oder die Zeit am Wochenende zu einem Stadionbesuch genutzt werden.

Im B2B-Bereich können durch eine größere Bekanntheit der Marke „Hoffe" weitere Kontakte in der Region geknüpft werden. Denn je höher die Reichweite und die Bekanntheit eines Gesponserten, umso lukrativer wird für ein Sponsor eine Kooperation (Walzel & Schubert, 2018, S. 158).

Die Legalisierung des Sportwettenmarktes wäre eine weitere Möglichkeit für die TSG 1899 Hoffenheim an zusätzliche Einnahmen zu gelangen, da diese Regelung das Sponsoringbudget von Wettanbieter deutlich erhöhen wird und ausreichend Sponsoren aus diesem Bereich bereits vorhanden sind (SPONSORs, 2013).

Der demographische Wandel der Gesellschaft kann für die TSG 1899 Hoffenheim zur Folge haben, dass es schwerer wird talentierte Nachwuchsspieler sowie junges Personal für Trainerstab und Management zu finden. Damit einhergehend besteht die Problematik der Gewinnung von Jugendlichen und jungen Erwachsenen als Vereinsmitglieder, die sich ebenfalls für Ehrenamt engagieren können.

Die zunehmenden Gelder, die momentan auf dem Transfermarkt und in ausländischen Ligen im Umlauf sind, können für den Verein zukünftig höhere Aufwendungen sowohl bei den Gehältern von Trainern und Spielern als auch bei Transferablösen etc. zur Folge haben. In Folge dessen kann es sich zukünftig für die TSG 1899 Hoffenheim schwieriger gestalten im internationalen Wettbewerb Schritt zu halten.

Aufzuführen ist ebenfalls die umliegende Konkurrenz aus Kaiserslautern, Karlsruhe und Stuttgart. Alle drei Vereine besitzen größere Anhängerschaften und eine gute Nachwuchsarbeit, weshalb bei anhaltendem Erfolg einer dieser Mannschaften möglicherweise Sponsoren und auch (Jugend-) Spieler zu diesen Vereinen abwandern.

Als weiteres Risiko ist das fortschreitende Alter von Dietmar Hopp zu nennen. Da sein Sohn bereits im Eishockeysport tätig ist, könnten zukünftig mehr Gelder ins Eishockey fließen und sich für die TSG 1899 Hoffenheim finanzielle Engpässe auftun.

1.3 SWOT-Matrix

Tab. 1: SWOT-Matrix (eigene Darstellung)

	SWOT	Externe Analyse	
		Opportunities	Threats
		• Sportlicher Erfolg • Bedeutung der Freizeit • Etablierung der Marke „Hoffe" • Legalisierung Glücksspiel	• Demographischer Wandel • Transfermarkt/ internationales Geschäft • Konkurrenz aus der Region • Alter Dietmar Hopp
Interne Analyse	Strengths • Nachwuchsarbeit • Sportlicher Erfolg • Werte von „Hoffe"	• Steigerung der Einnahmen durch sportliche Erfolge • Erhöhte Medienpräsenz zur Steigerung des Bekanntheitsgrades	• Nachwuchsspieler können für hohe Ablösesummen verkauft werden • Ausbau des Nachwuchscenter, um nationale und internationale Talente zu locken und so das Bestehen des Vereins zu sichern

7

Weaknesses		

• Fehlende Tradition
• Vereinsmitglieder
• Finanzielle Abhängig-
  keit
	• Familiäre Freizeit-Angebote
	  zur Mitgliedergewinnung
	• Etablierung der Marke
	  „Hoffe" in Verbindung mit
	  den Werten, für die der
	  Verein steht
		• Markenetablierung, um
		  gegen regionale Konkur-
		  renz bestehen zu können
		• Neue Sponsoren generie-
		  ren, um die finanzielle
		  Unabhängigkeit zu för-
		  dern.

S-O-Strategie

Durch sportlichen Erfolg können Mehreinnahmen zum einen aus der Gewinnausschüttung der Bundesliga und zum anderen aus den Geldern, die für die Teilnahme an internationalen Wettbewerbern ausbezahlt werden, generiert werden.

Mit dem sportlichen Erfolg geht eine erhöhte Medienpräsenz einher, welche dazu genutzt
werden kann die Marke „Hoffe" mitsamt den ausgelebten Werten zu etablieren und bekannter zu machen.

W-O-Strategie

Um die geringe Vereinsmitgliederzahl steigern zu können, sollen bevorzugt Familien,
welche sich mit den Werten der TSG 1899 Hoffenheim identifizieren können, mit Akti-
onen wie einem Familientag angesprochen werden. Mithilfe der Werte ist es ebenfalls
möglich die fehlende Tradition zu übergehen und mit einem wertebasierten Verein Sym-
pathien zu gewinnen.

S-T-Strategie

Durch die gute Nachwuchsarbeit des Vereins ist es möglich, talentierte Nachwuchsspieler
auszubilden und anschließend zu einem Marktpreis, welcher i.d.R. über der Investition in
die Ausbildung liegt, an weitere Fußballvereine in In- und Ausland zu verkaufen. Die
daraus entstehenden Erlöse können in den Ausbau des Nachwuchszentrums investiert
werden, so dass trotz des demographischen Wandels weiterhin junge Talente aus In- und
Ausland den Weg zur TSG 1899 Hoffenheim finden.

W-T-Strategie

Um bei Erfolgen der umliegenden Konkurrenz keine Verluste zu beklagen, soll die Marke „Hoffe" vorzugsweise in der Region Rhein-Neckar aber auch national bekannter und etablierter werden. Ebenso ist es das Ziel, weitere Sponsoren aus der Region zu generieren, um bei einem Ausstieg von Dietmar Hopp weiterhin konkurrenzfähig zu bleiben. Ins Visier können hierzu Start-Up-Unternehmen genommen werden, da diese in Bezug auf Aufstiegs- und Entwicklungsmöglichkeiten sowie Marktwachstum eine vergleichbare Geschichte aufweisen. Des Weiteren ist anzumerken, dass der Standort Hoffenheim im Rhein-Neckar-Kreis als der einwohnerstärkste Landkreis in Baden-Württtemberg eine hervorragende Unternehmensdichte und Innovationsvielfalt aufweist, weshalb auch hier neue Sponsoren generiert werden können (Statistisches Landesamt Baden-Württemberg, 2019).

2 Merchandising und Licensing

Im Folgenden wird ein Merchandisingkonzept für einen Volleyballverein anlässlich seines 30-Jährigen Jubiläums entwickelt.

2.1 Wer

Aufgrund des fehlenden Fachwissens des Vereins im Bereich Merchandising wird die Auslagerung betrieblicher Teilfunktionen als geeignetes Geschäftsmodell gewählt. Es handelt sich daher um eine Outsourcing-Strategie, die im Rahmen einer Make-or-Buy-Analyse getroffen wurde. Für die Produktion wird ein regionales Textil-Unternehmen beauftragt, welches Sportkleidung inklusive Beschriftung und Druck anfertigt. Zur Überprüfung der Produkte werden Muster kostenlos zur Verfügung gestellt. Ebenfalls können Nachbestellungen eingereicht werden. Für Bestellungen ist kein Mindestbestellwert notwendig und die Zahlung kann per Rechnung erfolgen. Die Produkte des Vereins werden anlässlich des anstehenden Jubiläums sowie an weiteren geeigneten Veranstaltungen wie gesellschaftlichen Veranstaltungen oder Turnieren zum Verkauf angeboten. Des Weiteren sind die Produkte in der vereinseigenen Gastronomie erwerblich.

2.2 Was

Tab. 2: Merchandiseartikel (eigen Darstellung)

Artikel	Produktbeug/ Beschreibung	Architektur	Planungsbezug
Volleyballtrikot Saison 2019/2020 Männer/Frauen	- primärer Bezug zum Spielgeschehen Hochwertiges Trikot in den Vereinsfarben mit Vereinswappen (Brust) und Vereinsname auf dem oberen Rücken, Größen: XS-XXL, personalisierbar	Kernsortiment: - für Sportler und Fans - tragbar zum Sport oder im Alltag - hohe Verkäuflichkeit	Saisonspezifische Planung
Vereins-Cap	-primärer Bezug zum Spielgeschehen Größenverstellbar, formstabile Passform, Vereinslogo	Kernsortiment: -für alle Altersklassen geeignet insbesondere Kinder und Jugendliche -Zum Tragen im Alltag oder für Fans bei den Spielen	- saisonunabhängige Planung
Vereinshandtuch	- primärer Bezug zu Alltag von Fans und Sportler Hochwertiges Handtuch in den Vereinsfarben mit Vereinslogo-Stick	Randsortiment: - Verknüpfung von Alltag und Verein	Saisonunabhängige Planung
Vereins-T-Shirt für Kinder	-primärer Bezug zum Spielgeschehen T-Shirt in Vereinsfarben mit Vereinslogo auf der Brust, Vereinsname auf dem oberen Rücken Beschriftung mit Namen des Kindes möglich	Kernsortiment: - für Kinder von bereits aktiven Sportlern oder deren Bekannten - Jungen Menschen mithilfe von Förderprogrammen (Schulkooperationen, etc.) den Verein nahebringen	Saisonunabhängige Planung

		Kernsortiment:	
Vereins-T-Shirt anlässlich des Jubiläums Männer/Frauen	-Primärer Bezug zum Spielgeschehen Baumwoll-T-Shirt mit Vereinslogo und Jubiläumsaufdruck, Größe: XS-XXL	- für Sportler und Fans - tragbar zum Sport oder im Alltag - hohe Verkäuflichkeit	Aktionsspezifische Planung: -Jubiläums T-Shirts (limitierte Auflage)
Trinkflasche	-primärer Bezug zum Geschehen in der Halle Trinkflasche aus Edelstahl in Vereinsfarben mit Vereinslogo, 1,0 Liter personalisierbar	Randsortiment: - nutzbar zum Sport oder im Alltag	Saisonunabhängige Planung

2.3 Wem

Der Volleyballverein beschreibt sich selbst als sportlich, freundlich und familiär. Daraus resultiert eine Zielgruppe, welche alle Altersklassen erfasst. Durch die auf Kinder und Jugendliche abgestimmten Angebote kann der Verein neue Mitglieder generieren und so sein Überleben, trotz vielseitiger anderer Freizeitangebote für Kinder, absichern. Ebenso zählen Fans, Vereinsmitglieder und Anhänger zur Zielgruppe.

2.4 Bedingungen

Die Produkte gelten als spezielle Anfertigungen für den Volleyballverein. Zudem sind die Jubiläums-T-Shirts in ihrer Stückzahl limitiert. Aus diesem Grund wird die Premiumpreispolitik gewählt. Um die Artikel für Vereinsmitglieder attraktiver zu gestalten, wird Ihnen ein ermäßigter Preis angeboten. Die Einkaufspreise sind bereits mit dem Textil-Unternehmen verhandelt und darauf basierend können die Verkaufspreise kalkuliert werden.

Tab. 3: Preispolitik (eigene Darstellung)

Produkt	Trikot	Cap	Handtuch	T-Shirt Kinder	T-Shirt Jubiläum	Trinkflasche
Preis Einkauf	23 €	11€	10€	18€	20€	4,50€
Preis Verkauf normal	45€	20€	23€	40€	50€	12€
Preis Verkauf Mitglieder	40€	18€	20€	35€	45€	8€

2.5 Kanäle

Den Vertrieb der Fanartikel übernimmt der Volleyballverein selbst. An Turnieren und Events auf dem Vereinsgelände werden auf der Vereinsanlage zwei Verkaufsstände aufgestellt, an denen die Artikel erworben werden können. Des Weiteren sind die Artikel in der Vereinsgastronomie erhältlich.

2.6 Begleitmaßnahmen

Um die Zielgruppen auf die angebotenen Artikel aufmerksam zu machen, werden verschiedene Kommunikationswege genutzt. Zu allererst werden Mitglieder und die Verantwortlichen des Vereins persönlich angesprochen. Hierfür tragen Verantwortliche des Vereins ab sofort bei Tätigkeiten innerhalb des Vereins das T-Shirt bzw. das Trikot (Employer-Branding-Strategie). In der Vereinszeitung, die jährlich zu Beginn der Saison an die Mitglieder verschickt wird, erscheint ein Bericht zur Konzeption der Merchandisingartikel und eine Vorstellung der angebotenen Produkte.

Die Spieler und Spielerinnen der Profi-Mannschaften werden herangezogen, um Werbung für die Artikel auf der Vereinsseite und den Seiten auf Sozialen Netzwerken zu machen. Durch liken der Facebook-Seite und dem Teilen der Werbebeiträge kann am Gewinnspiel des Vereins teilgenommen werden, bei dem ein Jubiläums-T-Shirt als Hauptpreis gewonnen werden kann. Durch diese Aktion soll eine größere regionale Reichweite erzielt werden.

2.7 Zeitraum

Der Verkauf der Fanartikel startet zur Feier des Vereinsjubiläums. Die limitierten Artikel anlässlich des Jubiläums sind ab Zeitpunkt den Rest der Jubiläumssaison erhältlich und können über die in 2.5 beschriebenen Wege erworben werden. Das Saison-Trikot ist für den Zeitraum der laufenden Saison erhältlich. Die saisonunabhängigen Artikel sind jederzeit erwerbbar. Anhand der Verkaufszahlen kann das Sortiment für die folgende Saison erweitert, modifiziert oder verkleinert werden.

Ziel ist es über einen langen Zeitraum den Kontakt und die Kommunikation zu den Mitgliedern und Fans aufzubauen, um erfolgreiches Sportmarketing betreiben zu könnnen (Hartwig, 2004).

3 Digitalisierung

3.1 Charakterisierung Verein

Tab. 4: Daten zum Verein (eigene Darstellung)

Vereinstyp	Jugendorientierter Leistungssportverein
Vereinsangebot	Boxen, Kick-Boxen
Mitgliederanzahl	250
Anzahl bezahlter Mitarbeiter	8
Anzahl ehrenamtlicher Mitarbeiter	25

3.2 Zielgruppe der App

Zur primären Zielgruppe der App gehören die Vereinsmitglieder. Mithilfe der App soll die Mitgliederbindung vorangetrieben werden, da der Verein zunehmend Konkurrenz durch private kommerzielle Anbieter, die ähnliche Angebote bieten, erfährt. Durch die App können sowohl Mitglieder als auch Fans des Vereins und des Boxsports Informationen zu den aktuellen Geschehnissen im Verein und der Sportart erhalten. Der Verein hat bereits mehrere erfolgreiche Profi-Boxer ausgebildet, die nach wie vor für diesen Verein starten und Aufmerksamkeit generieren. Diese Aufmerksamkeit soll genutzt werden, um weiteren Nachwuchs sowie neue Fans für den Verein zu gewinnen.

3.3 Inhalte der App

Tab. 5: Inhalte der App (eigene Darstellung)

Inhalt	Mehrwert Kunde	Mehrwert User
Liveticker/ Videos und Interviews nach den Kämpfen	Weitergabe von Informationen des aktuellen Geschehens während und nach Kämpfen.	Kämpfe können jederzeit und überall live verfolgt werden. Interviews und Highlights können jederzeit nachgeschaut werden.
Vereinsinformationen	Transparenz, Informationsweitergabe an Fans und Mitglieder	Informationen zu aktuellem Vereinsgeschehen und anstehenden Kämpfen
Kommunikationsplattform	Vereinsinterne Kommunikation vereinfachen	Austausch zwischen Vorstand und Mitglieder sowie Mitglieder und Anhänger der Sportart. Einfache Kommunikationswege.
Sponsorenplattform	Attraktivität der App für Sponsoren steigern und durch den Mehrwert neue Sponsoren gewinnen können	Sponsoren können untereinander sowie mit den Vereinsmitgliedern und dem Vorstand Kontakt aufnehmen

3.4 Chancen und Risiken

Tab. 6: Chancen und Risiken der App (eigene Darstellung)

Chancen	Risiken
- Gewinnung neuer Vereinsmitglieder	- älteren Mitglieder fehlt der Bezug zur neuesten Technik
- Verbesserung der vereinsinternen Kommunikation -> einheitliche Plattform ->Bündelung und Vereinheitlichung der Kommunikationswege und Informationen	- Sicherheit der Nutzerdaten ->Datenklau/ Einhaltung der Rechtskonformität in Bezug auf Datenschutz

Durch eine anhaltende Aktualisierung der App auf den neuesten Stand kann die Bekanntheit gesteigert werden und sowohl neue User als auch Vereinsmitglieder gewonnen werden. Ebenfalls kann die Kommunikation zwischen Verein und Mitglieder wie auch unter den Mitgliedern vereinfacht werden. Das Resultat ist eine bessere Vernetzung der einzelnen Altersklassen und ein gestärktes Zusammengehörigkeitsgefühl.

Ein Risikofaktor stellen die Senioren des Vereins dar. Sie gehören vor allem durch ihre Vereinsidentifikation und langjährige Mitgliedschaften sowie ein hohes Engagement in ihrer Freizeit zu den wichtigsten Säulen des Vereinslebens. Allerdings besitzt in dieser Altersklasse nicht jeder ein Smartphone und die Kenntnisse wie eine App zu bedienen ist. Ein weiteres Risiko ist der Datenschutz. Vertrauliche Daten wie beispielsweise die persönlichen Daten der Mitglieder oder vereinsinterne Daten müssen gut gesichert sein, damit kein Außenstehender Zugriff darauf hat. Andernfalls könnte es dem Verein einen Imageschaden, Haftung und Schadenersatz zufügen.

3.5 Steigerung des Bekanntheitsgrades

Die App wird im Google Playstore und im App Store kostenlos angeboten, sodass jeder Smartphonenutzer Zugriff auf die App hat.

Um den Bekanntheitsgrad innerhalb des Vereins zu erhöhen und die primäre Zielgruppe- die Vereinsmitglieder- anzusprechen, wird jedes Mitglied mit einer persönlichen E-Mail und einem darin enthaltenen Download-Link eingeladen die App herunterzuladen.

Anlässlich der App-Einführung erscheint in der Zeitung sowie auf der Vereinswebsite ein kurzer Artikel, der die App und ihre Funktionen beschreibt. Anbei wird ein QR-Code bzw. ein Download-Link eingefügt, sodass Interessenten sofort zur App im App-Store/ Google Play Store weitergeleitet werden.

Profi-Boxer sowie der Verein selbst präsentieren die App zudem auf den Social-Media-Kanälen, um zum einen die Jugendlichen des Vereins aber auch außenstehende Boxsport-Fans für die App werben zu können.

Die folgenden Heim-Wettbewerbe werden als Werbeplattform genutzt. Mittels Hallensprecher, sowie Plakaten und Werbespots wird auf die App aufmerksam gemacht. Es werden zudem QR-Codes auf die Tickets gedruckt, sodass die Zuschauer im Nachhinein durch Herunterladen der App die wichtigsten Szenen nochmals in Nahaufnahme anschauen können und in den Foren der App mit anderen Fans und Zuschauern das Kampfgeschehen diskutieren können.

4 Sponsoring

Das Wirtschaftsunternehmen Nutrition for Sport GmbH, welches sich am Sponsorship des Laufevents beteiligen möchte, stellt bereits eine anerkannte Marke für Nahrungsergänzungsmittel im Sport dar.

Tab. 7: Charakterisierung Nutrition for Sport GmbH (eigene Darstellung)

Produkt/ Produktpalette	Kohlenhydratriegel, Isotonische Getränke (Pulver- und Flüssigform), Powergel
Zielgruppe(n)	Ausdauersportler(Profis & Amateure), Sportvereine/-teams, Sportveranstalter, B2B-Kunden
Distributionskanäle	Verkauf über Online-Shop, B2B an Sportfachgeschäfte, Sportvereine und Fitnessstudios -> Multi-Channel
Bisherige Kommunikationsinstrumente	Sponsoring bei Sportveranstaltungen (z.B. Challenge Roth, BMW Berlin-Marathon), Werbung über Social-Media

Das Unternehmen visiert durch die angebotenen Produkte Ausdauersportler jedes Leistungsniveaus an. Der Verkauf findet entweder direkt über den Online-Shop statt oder über den B2B-Bereich. Deshalb ist es ebenfalls wichtig, mit Sportveranstaltungen und anderen Unternehmen in der Sportbranche in Kontakt zu treten, um die Bekanntheit der Marke weiterhin auszubauen. Durch Sponsorships an großen Ausdauersportevents ist es der GmbH bereits gelungen sich einen renommierten Namen in der Sportszene zu machen.

4.1 Sponsoringprozess aus Unternehmenssicht

Tab. 8: Sponsoringprozess (eigene Darstellung)

Festlegung der Ziele	• Affektiv-orientierte externe Ziele: emotionales Erleben von Produkten und Marke, Gemeinschaftliches Erlebnis als Basis zum Aufbau/ Erhalt einer Beziehung zwischen Unternehmen und Kunde • Kognitiv-orientierte externe Ziele: Bekanntheitsgrad des Unternehmens und Kenntnisse über Produkte steigern
Schnittmengenanalyse der Zielgruppen	Ausdauersportler verschiedener Leistungsstufen und Altersklassen; B2B-Kunden auf der Läufermesse
Beschreibung Sponsoring-Einzelmaßnahmen	- Sponsoring Turnbeutel, in welche die Startunterlagen zur Abholung eingepackt sind -Isotonisches Getränk und ein Powergel werden als Give-Away mit in den Turnbeutel gepackt - nach 5km, 11km ,17km und im Zieleinlauf werden an den Verpflegungsständen isotonische Getränke und Wasser in Bechern im „Nutrition for Sport"-Design ausgegeben - Sponsoring der Bandenwerbung im Start-/Zielbereich sowie den Start- und Zielbanner -Messestand auf der Läufermesse zum Erhalten von Informationen, Probieren von Produkten und Kauf von Produkten.
Beschreibung Erfolgskontrolle Sponsorships	- Auswertung der Umsatzzahlen am Messestand sowie neugeknüpften B2B-Kooperationen - Auswertung Medienpräsenz

Durch die gegenwärtige Erlebnisorientierung der Gesellschaft, kann sich eine Marke meist nur noch durch ein gutes Image von der Konkurrenz abgrenzen (Weinberg & Diehl, 2001). Deshalb wird als affektiv-orientiertes Ziel der Aufbau bzw. die Stärkung der Beziehung zwischen Kunde und Unternehmen auf Basis des gemeinsamen Erlebnisses angestrebt. Durch die im Sport entstehenden Emotionen kann sich die Marke positiv in den Köpfen der Läufer und ggf. zukünftigen Konsumenten festsetzen und verschafft sich so einen Imagevorteil gegenüber der Konkurrenz.

Als kognitiv-orientiertes Ziel strebt das Unternehmen eine Steigerung des Bekanntheitsgrades sowie der Produktkenntnisse beim Konsumenten an. Hierfür dient der Messestand auf der Läufermesse an dem Informationen eingeholt werden und Produkte getestet sowie gekauft werden können.

Die Zielgruppe des Unternehmens überschneidet sich größtenteils mit der des Laufevents, wodurch sich eine umfangreiche Schnittmenge übergibt. Die Schnittmenge beinhaltet die Ausdauersportler aller Altersklassen, welche am Laufevent selbst teilnehmen oder aus Interesse an der Strecke zuschauen. Die Läufermesse lockt viele Unternehmen an, die ebenfalls die Ausdauersportler als Zielgruppe zählen und so ein gemeinsames Merkmal mit der Nutrition for Sport GmbH aufweisen. Dadurch ergibt sich die Möglichkeit, neue B2B-Kontakte zu knüpfen und den Grundstein für Geschäfte zu legen.

Als erste Sponsoring-Maßnahme stellt das Unternehmen die Turnbeutel, in welchen die Startunterlagen an die Teilnehmer herausgegeben werden, in der Farbe des Unternehmens her und bedruckt diese mit dem Firmenlogo. Ebenfalls werden in diese Turnbeutel für jeden Teilnehmer ein isotonisches Getränk und ein Powergel als Give-Away gepackt. Durch Give-Aways kann die Kundenbindung gefördert und positive Assoziationen mit dem Unternehmen in Verbindung gebracht werden.

An den Verpflegungsständen auf der Laustrecke und im Zielbereich werden Getränke in Bechern im Firmendesign ausgegeben. Neben Wasser werden Sportlern isotonische Getränke des Unternehmens angeboten, um nicht nur Flüssigkeit sondern auch Mineralien zuzuführen.

Die Nutrition for Sport GmbH begleitet die Läufer und Läuferinnen den gesamten Lauf über. Der Start und Zielbereich wird mit Bandenwerbung des Unternehmens ausgeschmückt. Ebenfalls werden Start- und Zielbanner in der Farbe und mit Logo des Unternehmens aufgestellt. Zum Einen können dadurch weitere Emotionen der Athleten mit der Marke in Verbindung gebracht. Sei es die Nervosität und Vorfreude im Startbereich oder die Freude beim erlösenden Zieleinlauf,- die Nutrition for Sport GmbH ist dabei. Andererseits soll die mediale Aufmerksamkeit genutzt werden. Meist erscheinen in Zeitungsartikel Bilder vom Start- oder Zieleinlauf und somit ist das Unternehmen in der nachträglichen Berichterstattung weiterhin auf Bildern präsent. Des Weiteren sind im Zieleinlauf meist viele Fotografen, die das „Finishen" der Läufer auf Bildern festhalten und anschließend den Teilnehmern zur Verfügung stellen. Schaut ein Teilnehmer sein Foto im Nachhinein an, ist dies mit Emotionen verbunden und das Unternehmen in diesem Moment durch die Banner im Hintergrund wieder mit dabei.

Der Messestand auf der Läufermesse wird sowohl zur Information, Präsentation als auch zum Verkauf genutzt. Durch ein professionelles Auftreten können viele Kunden, aber auch andere Unternehmen angesprochen werden.

Im Anschluss an das Laufevent gilt es zu kontrollieren, ob die angestrebten Ziele erreicht werden konnten. Es wird zum einen der Umsatz des Messestands bemessen, sowie die resultierenden Geschäfte aus den neu geknüpften B2B- Kontakten. Ebenso werden die Medien, welche über das Event berichtet haben, ausgewertet. Es wird die Reichweite der einzelnen Medien summiert und überprüft, wie oft die Nutrition for Sport GmbH erwähnt wurde bzw. wie oft auf Bildern das Logo des Unternehmens zu sehen ist. Zu prüfen ist in diesem Zusammenhang auch die Qualität der Berichterstattung, z.B. ob Kritik oder positives geäußert wurde. Dies trägt zu einem kontinuierlichen Verbesserungsprozess der Sponsoringaktivität bei.

5   Literaturverzeichnis

Statistisches Landesamt Baden-Württemberg. (2019). *Bevölkerung nach Nationalität und Geschlecht – vierteljährlich.* Abgerufen am 26. Oktober 2019 von https://www.statistik-bw.de/BevoelkGebiet/Bevoelkerung/01035055.tab?R=

DFL. (2019). *Fußball-Bundesliga-Teams mit den meisten Torschüssen in der Bundesliga-Saison 2018/2019. Statista.* Abgerufen am 15. Oktober 2019 von Statista GmbH: https://de.statista.com/statistik/daten/studie/277552/umfrage/fussball-bundesliga-teams-nach-torschuessen/

Görlich, P., & Mayer, J. (2018). Falldarstellung: TSG 1899 Hoffenheim – Herkunft und Strategie. In R. Lanwehr, & J. Mayer, *People Analytics im Profifußball. Wirtschaft – Organisation – Personal.* (S. 15-22). Wiesbaden: Springer Gabler.

Grünitz, M. (2002). *Der Fußballcrash: Fußball-Marketing: die Chronik eines angekündigten Untergangs.* BoD-Books on Demand.

Hartwig, H. (2004). *Sportmanagement: eine themenbezogene Einführung.* Oldenbourg Verlag.

IfD Allensbach. (2019). *Anzahl der Personen in Deutschland, denen die TSG 1899 Hoffenheim bekannt ist, von 2015 bis 2019 (in Millionen).Statista.* Abgerufen am 15. Oktober 2019 von Statista GmbH: https://de.statista.com/statistik/daten/studie/171093/umfrage/bekanntheit-des-fussballvereins-tsg-1899-hoffenheim/

Schmitz-Scherzer, R. (2013). *Freizeit.* Springer-Verlag.

SPONSORs. (1. Januar 2013). *Sportwettenmarkt - warten auf das große Glück.* Abgerufen am 31. Oktober 2019 von SPONSORs: https://www.sponsors.de/news/sponsoring/sportwettenmarkt-warten-auf-das-grosse-glueck?active=1

Transfermarkt. (Oktober 2019). *Anzahl der Mitglieder der Vereine der 1. Fußball-Bundesliga (Stand: Oktober 2019).* Abgerufen am 15. Oktober 2019 von Statista: https://de.statista.com/statistik/studie/id/22910/dokument/tsg-1899-hoffenheim-statista-dossier/

Transfermarkt. (2019). *Stadionauslastung der Vereine der 1. Fußball-Bundesliga in der Saison 2019/2020 (Stand: 7. Spieltag). Statista.* . Abgerufen am 15. Oktober 2019 von Statista GmbH:

https://de.statista.com/statistik/daten/studie/164159/umfrage/stadionauslastung-der-aktuellen-bundesligavereine/

TSG 1899 Hoffenheim. (10. Juli 2019). *Der Footbonaut: High-Tech im 1899-Training*. Abgerufen am 15. Oktober 2019 von Achtzehn99: https://www.achtzehn99.de/aktuelles/news/2013/06/der-footbonaut-high-tech-im-1899-training/

TSG 1899 Hoffenheim. (2019). *Fussball und Mehr*. Abgerufen am 15. Oktober 2019 von Achtzehn99: https://www.achtzehn99.de/teams/tsg-akademie/philosophie/

TSG 1899 Hoffenheim. (2019). *Von der Gründung bis Heute*. Abgerufen am 15. Oktober 2019 von Achtzehn99: https://www.achtzehn99.de/tsg/der-club/historie/

Unrein, D. (2013). Die SWOT-Analyse. *WiSt - Wirtschaftswissenschaftliches Studium* (9), S. 516-519.

Walzel, S., & Schubert, M. (2018). *Sportsponsoring: Grundlagen, Konzeption und Wirkungen*. Springer-Verlag.

Weinberg, P., & Diehl, S. (2001). Erlebniswelten für Marken. In *Moderne Markenführung* (S. 185-207). Wiesbaden: Gabler Verlag.

weltfussball.de. (2019). *Ranking der Fußball-Bundesliga-Stadien nach Zuschauerkapazitäten in der Saison 2019/2020.Statista*. Abgerufen am 15. Oktober 2019 von Statista GmbH: https://de.statista.com/statistik/daten/studie/6459/umfrage/bundesligastadien-nach-zuschauerkapazitaet/

6 Abbildungs- und Tabellenverzeichnis

6.1 Tabellenverzeichnis